Impressum
Verlag: BABADADA GmbH, Nedderfeld 112 , 22529 Hamburg
Geschäftsführer / Verlagsleitung: Harald Hof
Druck: Books on Demand GmbH, In de Tarpen 42, 22848 Norderstedt

Imprint
Publisher: BABADADA GmbH, Nedderfeld 112 , 22529 Hamburg, Germany
Managing Director / Publishing direction: Harald Hof
Print: Books on Demand GmbH, In de Tarpen 42, 22848 Norderstedt, Germany

mokykla
škola

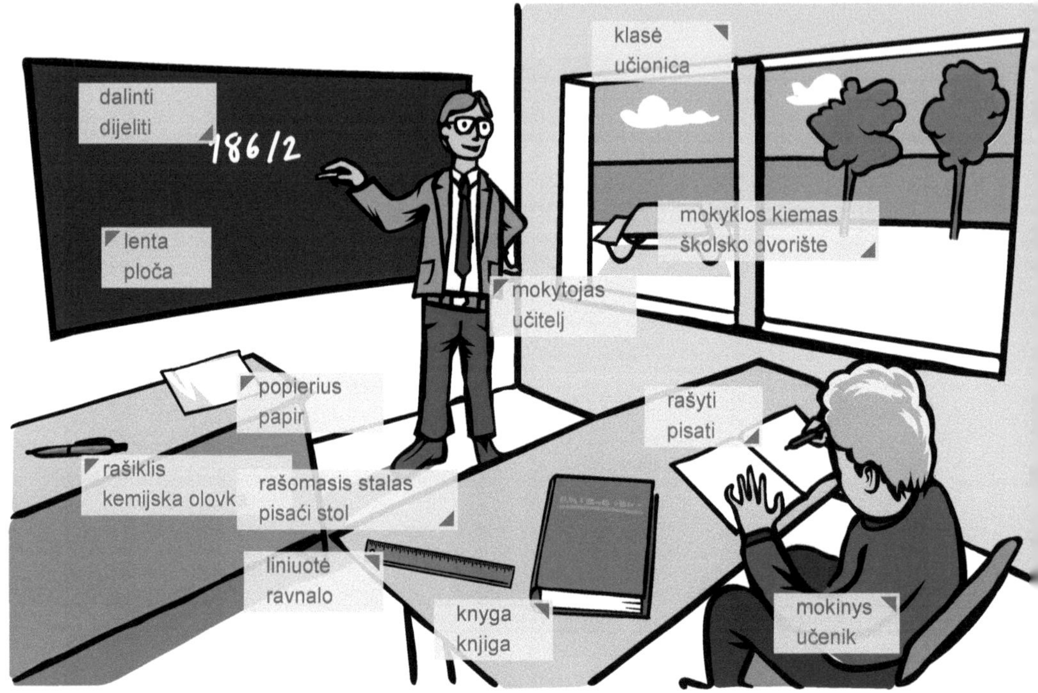
klasė
učionica
dalinti
dijeliti
186/2
lenta
ploča
mokyklos kiemas
školsko dvorište
mokytojas
učitelj
popierius
papir
rašyti
pisati
rašiklis
kemijska olovk
rašomasis stalas
pisaći stol
liniuotė
ravnalo
knyga
knjiga
mokinys
učenik

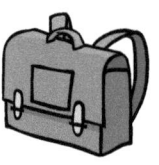

kuprinė

torba

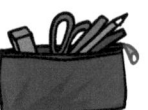

penalas

pernica

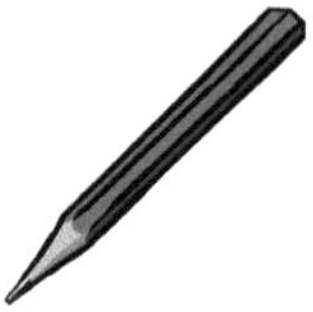

pieštukas

grafitna olovka

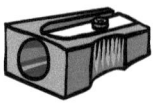

drožtukas

šiljilo za olovke

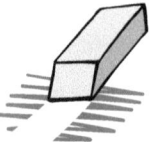

trintukas

gumica za brisanje

piešimo bloknotas

blok za crtanje

piešinys
crtež

teptukas
kist

dažų dėžutė
kutija s bojama

žirklės
makaze

klijai
ljepilo

vadovėlis
bilježnica

namų darbai
domaći zadatak

numeris
broj

pridėti
sabirati

atimti
oduzimati

dauginti
množiti

skaičiuoti
računati

raidė
slovo

abėcėlė
abeceda

žodis
riječ

tekstas
....
tekst

skaityti
....
čitati

kreida
....
kreda

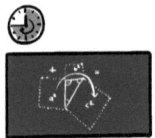

pamoka
....
sat

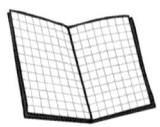

dienynas
....
dnevnik

egzaminas
....
ispit

pažymėjimas
....
svjedodžba

mokyklinė uniforma
....
školska uniforma

išsilavinimas
....
obrazovanje

enciklopedija
....
leksikon

universitetas
....
sveučilište

mikroskopas
....
mikroskop

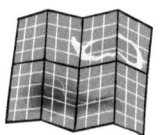

žemėlapis
....
karta

šiukšliadėžė
....
košara za papir

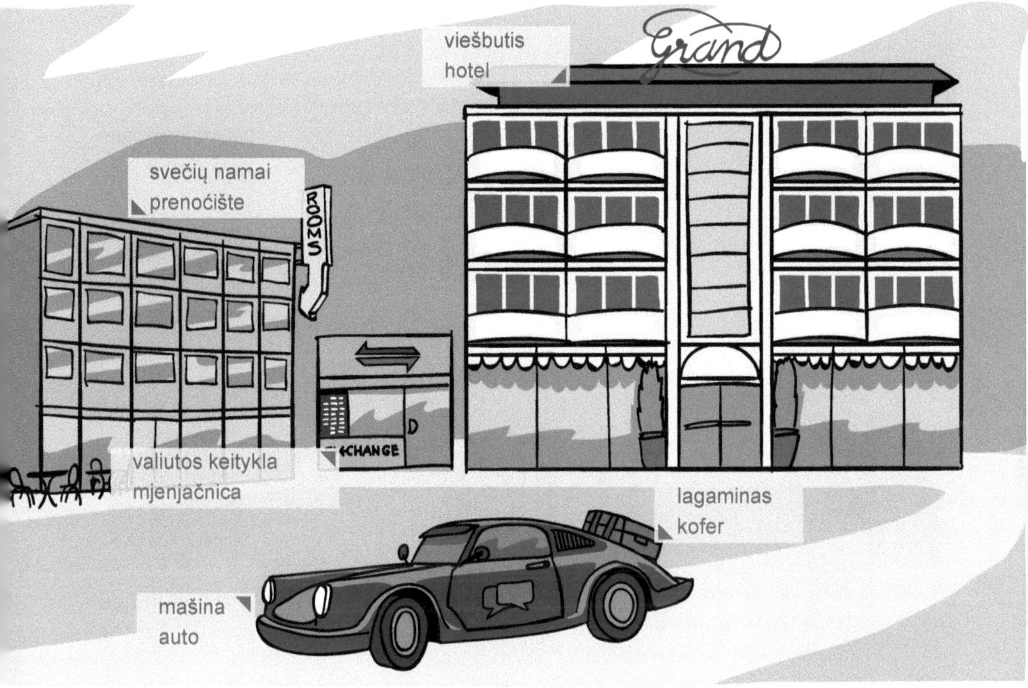

viešbutis
hotel
Grand
svečių namai
prenoćište
ROOMS
EXCHANGE
valiutos keitykla
mjenjačnica
lagaminas
kofer
mašina
auto

kalba
jezik

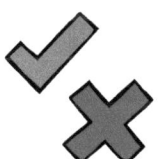

taip / ne
da / ne

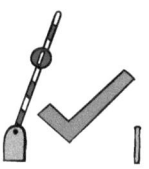

Gerai
okay

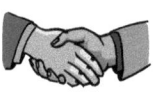

sveiki
zdravo

vertėjas raštu
prevoditelj

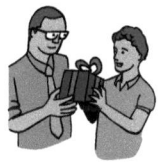

Ačiū
hvala

kiek kainuoja...?

Koliko košta...?

aš nesuprantu

ne razumijem

problema

problem

Labas vakaras!

dobro veče!

Labas rytas!

Dobro jutro!

Labos nakties!

Laku noć!

viso gero

doviđenja

kryptis

smjer

bagažas

prtljaga

krepšys

torba

kuprinė

ruksak

svečias

gost

kambarys

soba

miegmaišis

vreća za spavanje

palapinė

šator

turizmo informacija

turističke informacije

paplūdimys

plaža

kreditinė kortelė

kreditna kartica

pusryčiai

doručak

pietūs

ručak

vakarienė

večera

bilietas

karta za vožnju

liftas

dizalo

pašto ženklas

poštanska markica

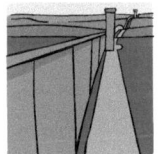

siena

granica

muitinė

carina

ambasada

ambasada

viza

viza

pasas

putovnica

transportas
transport

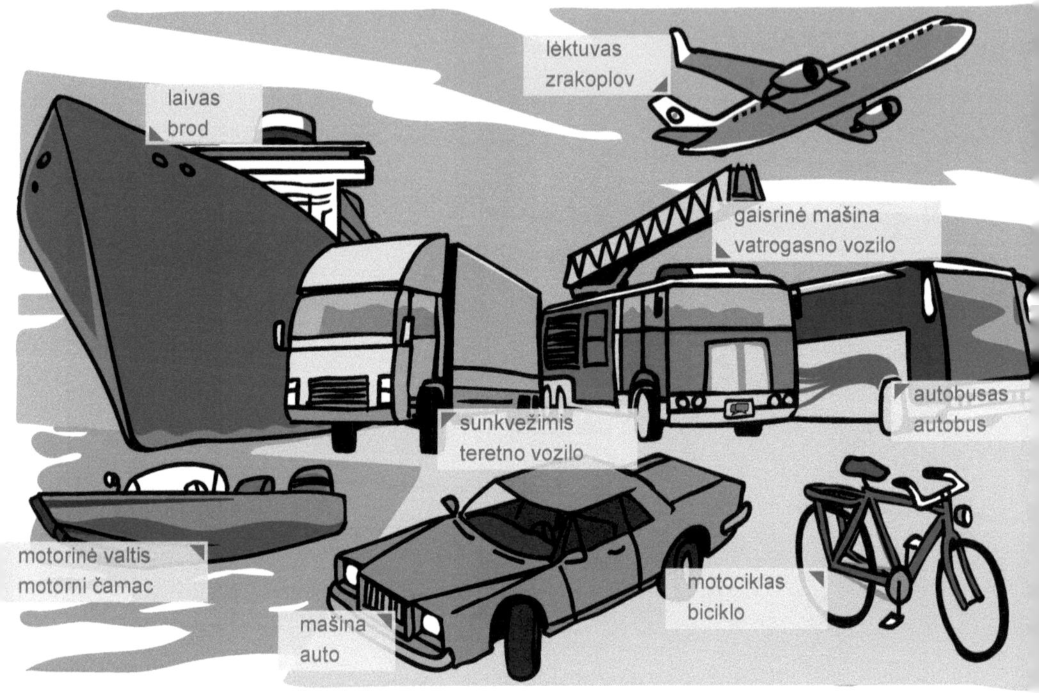

lėktuvas
zrakoplov
laivas
brod
gaisrinė mašina
vatrogasno vozilo
autobusas
autobus
sunkvežimis
teretno vozilo
motorinė valtis
motorni čamac
motociklas
biciklo
mašina
auto

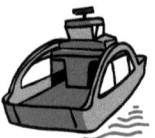

keltas

trajekt

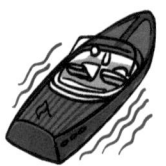

valtis

čamac

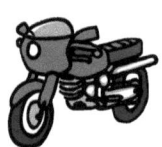

mopedas

motocikl

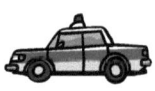

policijos automobilis

policijski auto

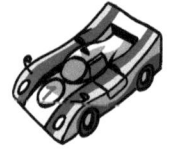

lenktyninis automobilis

trkaći auto

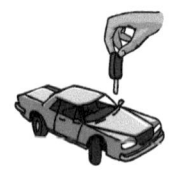

nuomojamas automobilis

iznajmljeno auto

bendras automobilio
naudojimas

dijeljenje automobila

techninės pagalbos
automobilis

vučno vozilo

šiukšliavežė

vozilo za odvoz smeća

variklis

motor

degalai

benzin

degalinė

benzinska postaja

kelio ženklas

prometni znak

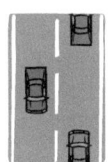

eismas

promet

eismo spūstis

zastoj

mašinų stovėjimo aikštelė

parkiralište

traukinių stotis

kolodvor

bėgiai

šine

traukinys

vlak

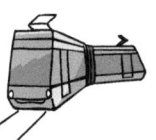

tramvajus

tramvaj

vagonas

vagon

sraigtasparnis

helikopter

oro uostas

zrakoplovna luka

bokštas

toranj

keleivis

putnik

konteineris

kontejner

dėžė

karton

vežimėlis

kolica

krepšys

košara

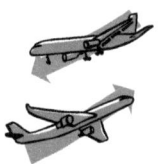

pakilti / nusileisti

uzletjeti / sletjeti

miestas

grad

kaimas

selo

miesto centras

centar grada

namas

kuća

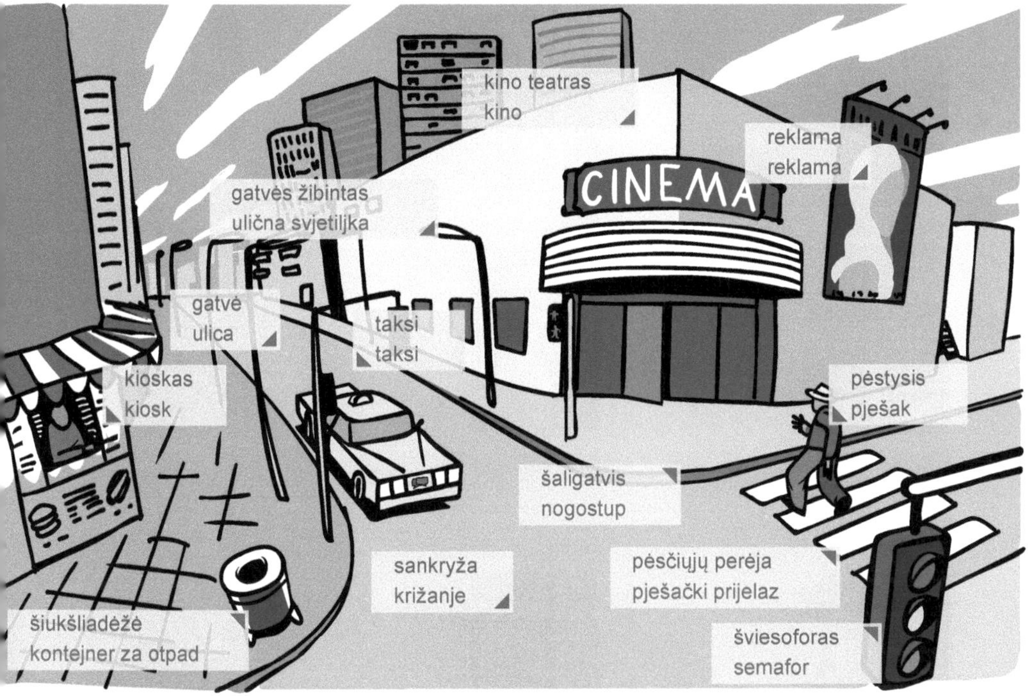

kino teatras
kino

reklama
reklama

gatvės žibintas
ulična svjetiljka

CINEMA

gatvė
ulica

taksi
taksi

pėstysis
pješak

kioskas
kiosk

šaligatvis
nogostup

sankryža
križanje

pėsčiųjų perėja
pješački prijelaz

šviesoforas
semafor

šiukšliadėžė
kontejner za otpad

trobelė
koliba

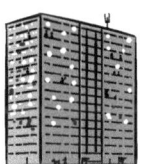

butas
stan

traukinių stotis
kolodvor

rotušė
vijećnica

muziejus
muzej

mokykla
škola

miestas - grad

11

universitetas

sveučilište

bankas

banka

ligoninė

bolnica

viešbutis

hotel

vaistinė

ljekarna

biuras

ured

knygynas

knjižara

parduotuvė

prodavaonica

gėlių parduotuvė

cvjećara

prekybos centras

supermarket

turgus

trg

universalinė parduotuvė

robna kuća

žuvies parduotuvė

ribarnica

prekybos centras

trgovački centar

uostas

luka

parkas

park

suoliukas

klupa

tiltas

most

laiptai

stepenice

metro

podzemna željeznica

tunelis

tunel

autobusų stotelė

autobusna stanica

baras

bar

restoranas

restoran

lauko pašto dėžutė

poštansko sanduče

kelio ženklas

ulični znak

parkomatas

parkirni sat

zoologijos sodas

zoološki vrt

baseinas

bazen

mečetė

džamija

ūkininko ūkis

seosko gazdinstvo

tarša

zagađenje okoliša

kapinės

groblje

bažnyčia

crkva

žaidimų aikštelė

igralište

šventykla

hram

kraštovaizdis
krajolik

lapas
list

kelio rodyklė
putokaz

kelias
put

pieva
livada

akmuo
kamen

medis
drvo

ėjikas
šetač

upė
rijeka

žolė
trava

gėlė
cvijet

slėnis
dolina

kalva
planina

ežeras
jezero

miškas
šuma

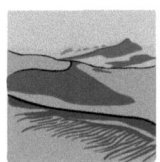

dykuma
pustinja

ugnikalnis
vulkan

pilis
dvorac

vaivorykštė
duga

grybas
gljiva

palmė
palma

uodas
moskito

musė
muha

skruzdėlė
mrav

bitė
pčela

voras
pauk

kraštovaizdis - krajolik

vabalas

buba

varlė

žaba

voverė

vjeverica

ežys

jež

kiškis

zec

pelėda

sova

paukštis

ptica

gulbė

labud

šernas

divlja svinja

elnias

jelen

briedis

los

užtvanka

nasip

vėjo jėgainė

vjetrenjača

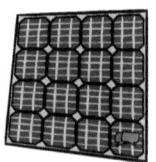

saulės baterija

solarna ploča

klimatas

klima

restoranas

restoran

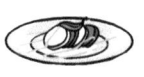

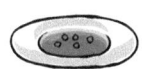

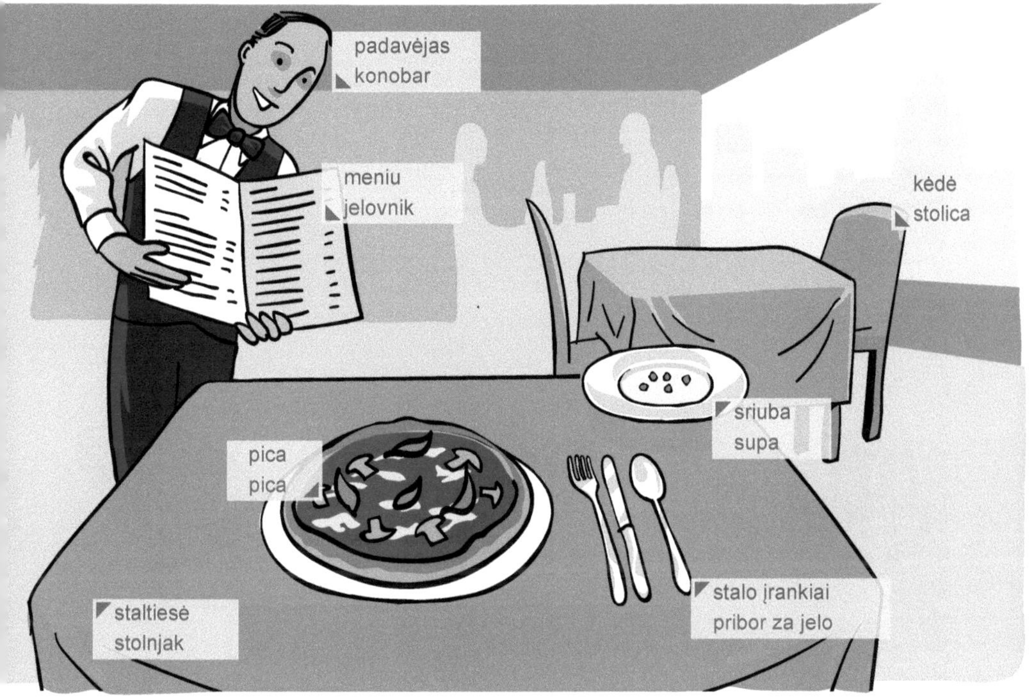
padavėjas
konobar
meniu
jelovnik
kėdė
stolica
sriuba
supa
pica
pica
stalo įrankiai
pribor za jelo
staltiesė
stolnjak

užkandis
predjelo

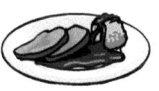

pagrindinis patiekalas
glavno jelo

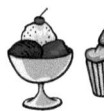

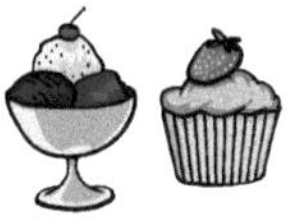

desertas
desert

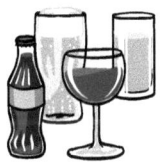

gėrimai
napitci

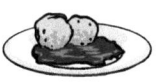

maistas
jelo

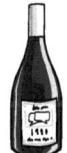

butelis
boca

greitai pateikiamas maistas

fastfood

gatvės maistas

imbis hrana

arbatinukas

čajnik

cukrinė

doza za šećer

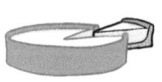

porcija

porcija

espreso aparatas

aparat za espresso

aukšta kėdė

visoka stolica

sąskaita

račun

padėklas

pladanj

peilis

nož

šakutė

vilica

šaukštas

žlica

arbatinis šaukštelis

čajna žlica

servetėlė

ubrus

stiklinė

čaša

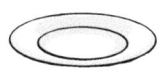

lėkštė

tanjur

sriubos lėkštė

tanjur za supu

padėklas

tanjurić

padažas

sos

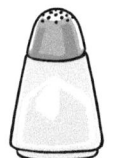

druskinė

soljenka

pipirų malūnėlis

mlin za biber

actas

ocat

aliejus

ulje

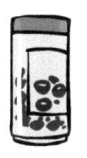

prieskoniai

začini

kečupas

kečap

garstyčios

senf

majonezas

majoneza

prekybos centras

supermarket

specialus pasiūlymas
ponuda
FOR
pirkėjas
kupac
pieno produktai
mliječni proizvodi
vaisiai
voće
troleibusas
kolica za kupnju

BUTCHERS

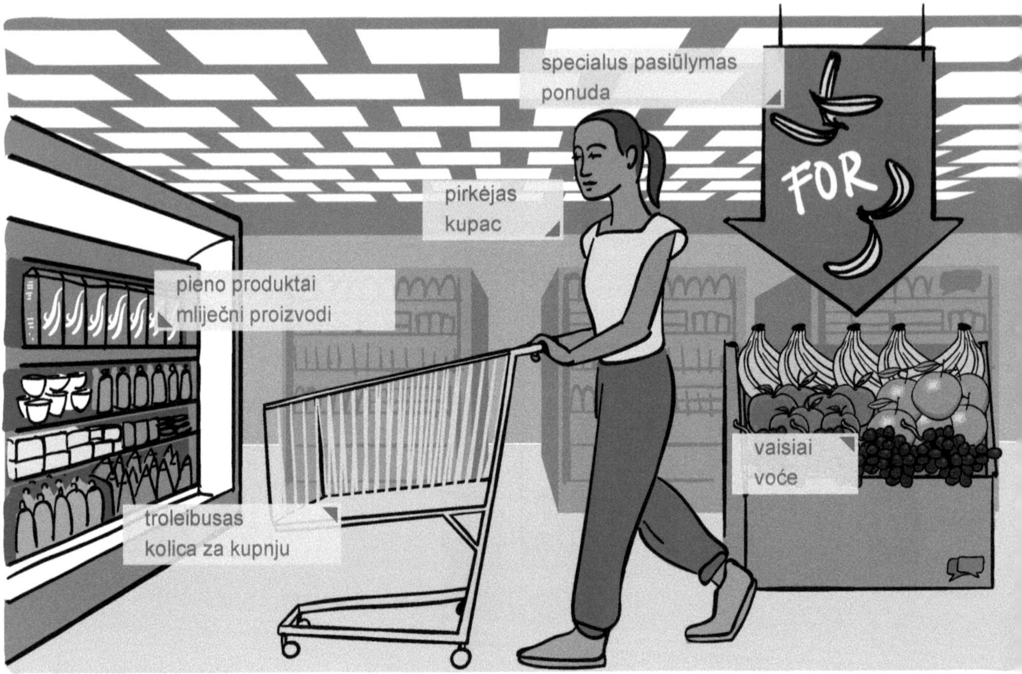

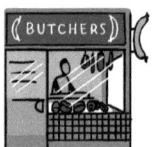

mėsos parduotuvė

mesnica

BAKERY

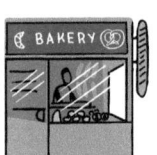

kepykla

pekarnica

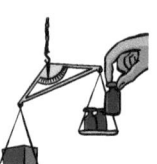

sverti

vagati

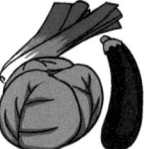

daržovės

povrće

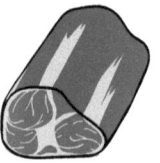

mėsa

meso

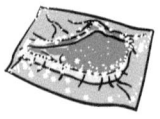

šaldytas maistas

duboko smrznuta hrana

šalti mėsos užkandžiai
narezak

konservai
konzerve

skalbimo milteliai
sredstvo za pranje

saldumynai
slatkiši

ūkinės prekės
artikli za domaćinstvo

valymo priemonės
sredstva za čišćenje

pardavėja
prodavačica

kasos aparatas
blagajna

kasininkas
blagajnik

pirkinių sąrašas
lista za kupnju

darbo valandos
vrijeme rada

piniginė
novčanik

kreditinė kortelė
kreditna kartica

maišelis
torba

plastikinis maišelis
plastična vrećica

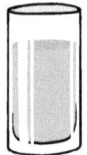

vanduo
voda

sultys
sok

pienas
mlijeko

kola
cola

vynas
vino

alus
pivo

alkoholis
alkohol

kakava
kakao

arbata
čaj

kava
kava

espresas
espresso

kapučinas
cappuccino

bananas

banana

obuolys

jabuka

apelsinas

naranča

arbūzas

lubenica

citrina

limun

morka

mrkva

česnakas

češnjak

bambukas

bambus

svogūnas

luk

grybas

gljiva

riešutai

orašasti plodovi

makaronai

rezanci

spagečiai

špagete

ryžiai

riža

salotos

salata

traškučiai

pomfrit

keptos bulvės

pečeni krumpir

pica

pica

mėsainis

hamburger

sumuštinis

sendvič

pjausnys

šnicla

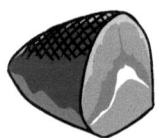

kumpis

pršut

saliamis

salama

dešrelė

kobasica

vištiena

kokoš

kepsnys

pečenje

žuvis

riba

avižų dribsniai

zobene pahuljice

dribsniai su priedais

musli

kukurūzų dribsniai

kukuruzne pahuljice

miltai

brašno

prancūziškasis ragelis

roščić

bandelė

pecivo

duona

kruh

skrebutis

toast

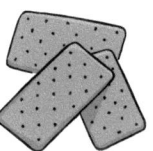

sausainiai

keksi

sviestas

maslac

varškė

svježi sir

tortas

kolač

kiaušinis

jaje

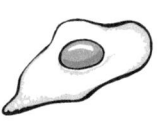

kiaušinienė

jaje na oko

sūris

sir

ledai

sladoled

cukrus

šećer

medus

med

uogienė

marmelada

tepamas šokoladas

nugat krema

karis

curry

ūkininko ūkis
seosko gazdinstvo

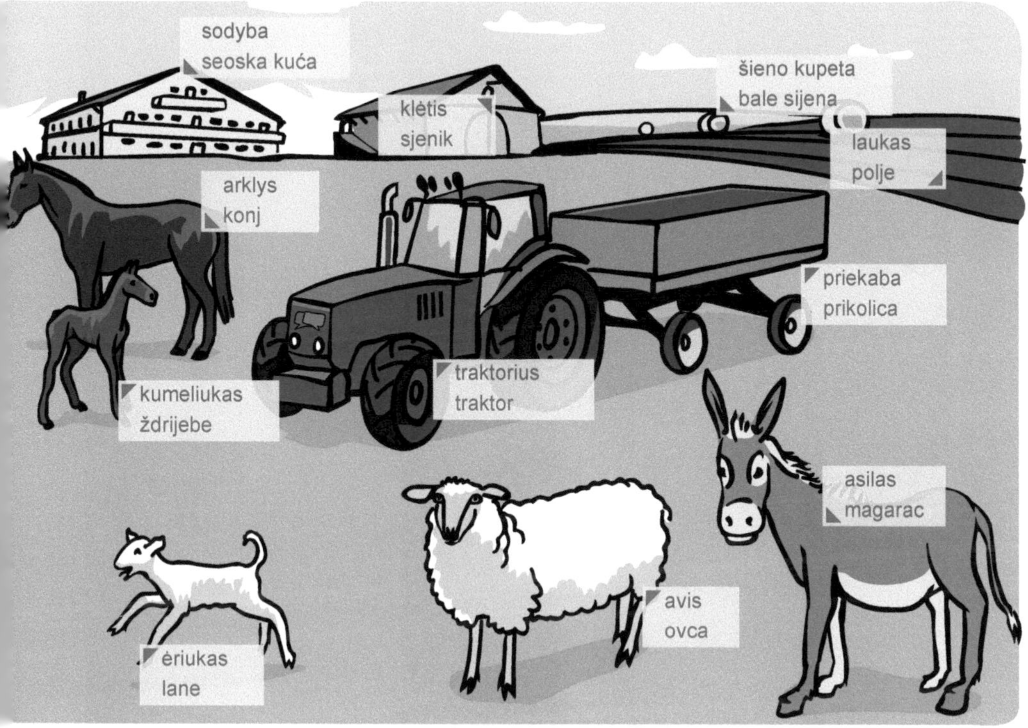
sodyba
seoska kuća
šieno kupeta
bale sijena
klėtis
sjenik
laukas
polje
arklys
konj
priekaba
prikolica
traktorius
traktor
kumeliukas
ždrijebe
asilas
magarac
avis
ovca
ėriukas
lane

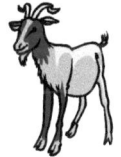

ožys
koza

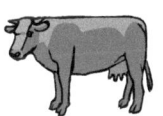

karvė
krava

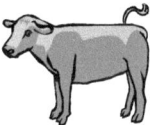

veršis
tele

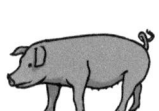

kiaulė
svinja

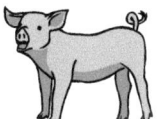

paršelis
prase

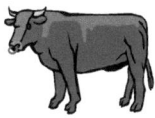

bulius
bik

žąsis
guska

antis
patka

viščiukas
pilići

višta
kokoš

gaidys
pijetao

žiurkė
pacov

katė
mačka

pelė
miš

jautis
vol

šuo
pas

šuns būda
kućica za psa

sodo namas
vrtno crijevo

laistytuvas
kanta za polijevanje

dalgis
kosa

plūgas
plug

pjautuvas

srp

kauptukas

motika

šakės

vilica za gnojivo

kirvis

sjekira

statinė

tačke

lovys

korito

bidonas

posuda za mlijeko

maišas

vreća

tvora

ograda

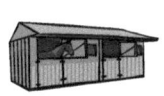

arklidė

štala

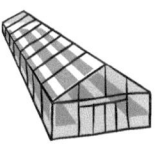

šiltnamis

staklenik

dirva

zemlja

sėkla

sjeme

trąšos

gnojivo

kombainas

kombajn

rinkti
....
žanjati

derlius
....
žetva

saldžiosios bulvės
....
yams začin

kviečiai
....
pšenica

soja
....
soja

bulvė
....
krumpir

kukurūzai
....
kukuruz

rapsai
....
uljana repica

vaismedis
....
voćka

manijokas
....
gomolj manioke

grūdai
....
žitarice

namas
kuća

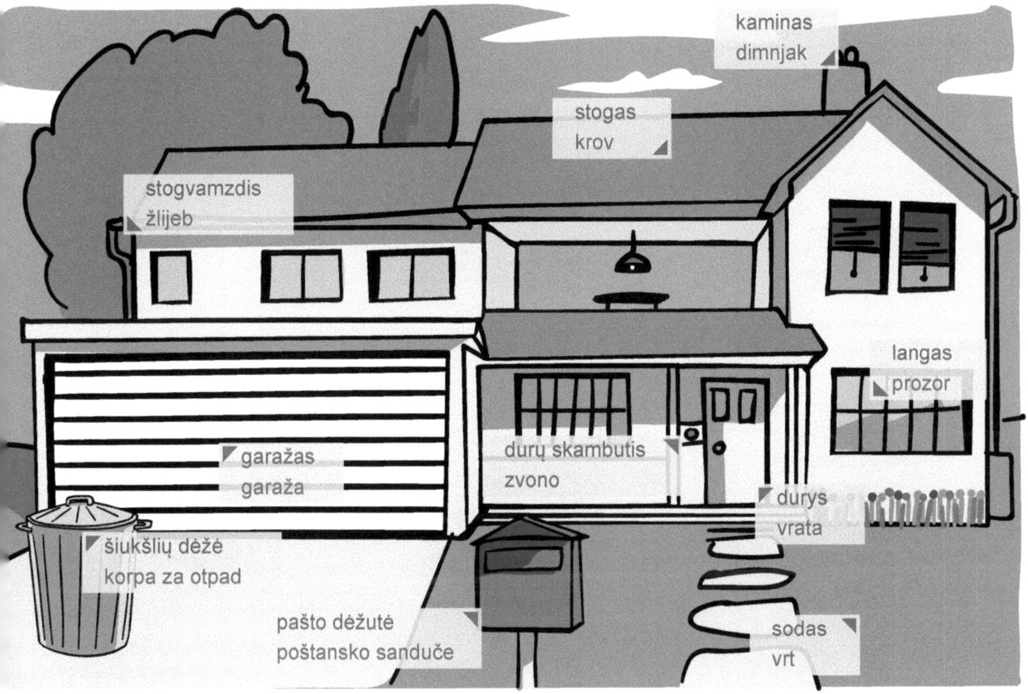
kaminas
dimnjak
stogas
krov
stogvamzdis
žlijeb
langas
prozor
garažas
garaža
durų skambutis
zvono
durys
vrata
šiukšlių dėžė
korpa za otpad
pašto dėžutė
poštansko sanduče
sodas
vrt

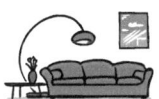

svetainė

dnevna soba

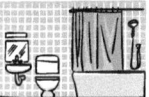

vonios kambarys

kupaonica

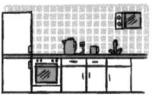

virtuvė

kuhinja

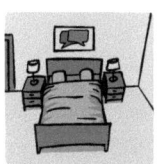

miegamasis

spavaća soba

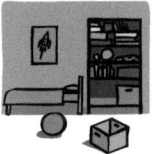

vaiko kambarys

dječija soba

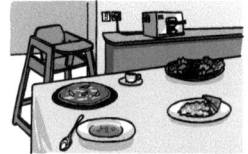

valgomasis

trpezarija

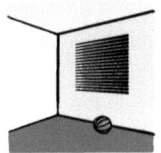

grindys

pod

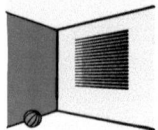

siena

zid

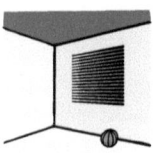

lubos

strop

rūsys

podrum

sauna

sauna

balkonas

balkon

terasa

terasa

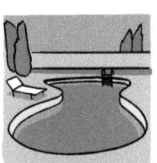

baseinas

bazen

žoliapjovė

kosilica za travu

paklodė

posteljina za krevet

lovatiesė

deka za krevet

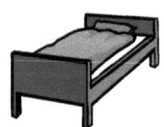

lova

krevet

šluota

metla

kibiras

kanta

jungiklis

sklopka

svetainė
dnevna soba

tapetai
tapeta
nuotrauka
slika
šviestuvas
svjetiljka
lentyna
regal
spintelė
ormar
televizorius
televizija
židinys
kamin
gėlė
cvijet
pagalvėlė
jastuk
sofa
kauč
vaza
vaza
nuotolinio valdymo pultelis
daljinski upravljač

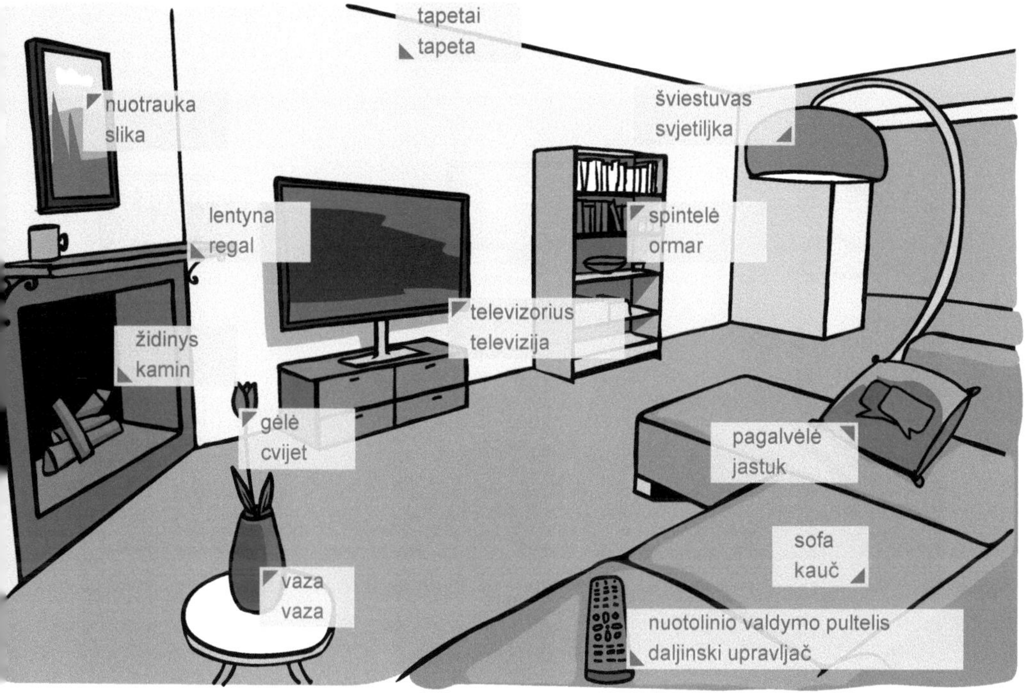

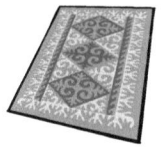

kilimas

tepih

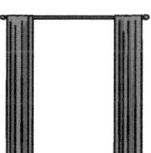

užuolaida

zavjesa

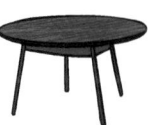

stalas

stol

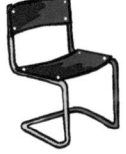

kėdė

stolica

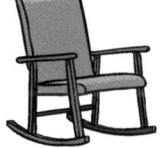

supamasis krėslas

stolica za njihanje

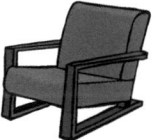

fotelis

fotelja

knyga

knjiga

antklodė

deka

papuošimai

dekoracija

malkos

drvo za ogrjev

filmas

film

stereo aparatūra

stereo uređaj

raktas

ključ

laikraštis

novine

paveikslas

slika na platnu

plakatas

poster

radijas

radio

užrašų knygelė

blok za pisanje

dulkių siurblys

usisavač

kaktusas

kaktus

žvakė

svijeća

virtuvė
kuhinja

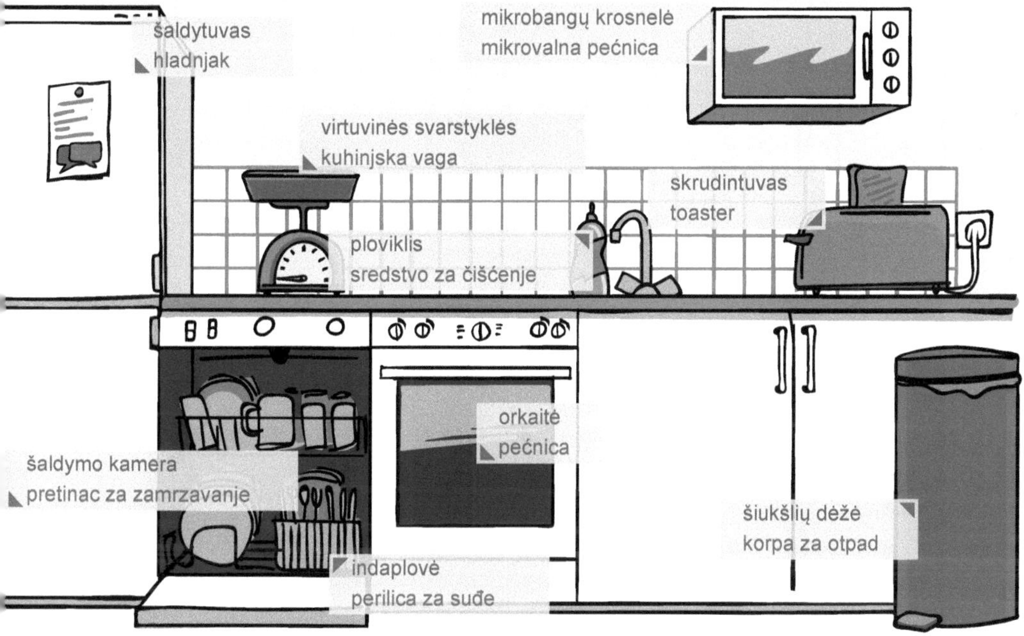

šaldytuvas
hladnjak
mikrobangų krosnelė
mikrovalna pećnica
virtuvinės svarstyklės
kuhinjska vaga
skrudintuvas
toaster
ploviklis
sredstvo za čišćenje
orkaitė
pećnica
šaldymo kamera
pretinac za zamrzavanje
šiukšlių dėžė
korpa za otpad
indaplovė
perilica za suđe

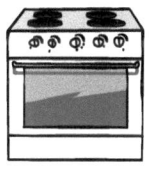

viryklė

štednjak

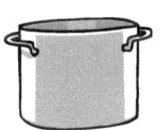

puodas

lonac

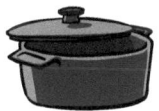

ketaus puodas

željezni lonac

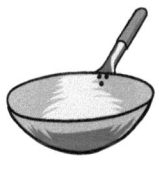

„wok“ keptuvė

wok / kadai

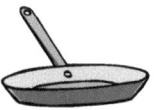

keptuvė

tava

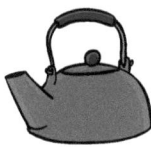

virdulys

kuhalo za vodu

garų puodas

kuhalo na paru

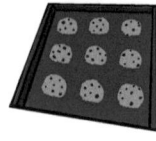

kepimo skarda

lim za pečenje

porceliano indai

posuđe

puodelis

čaša

dubuo

zdjela

valgomosios lazdelės

štapići za jelo

samtis

kutljača

mentelė

lopatica

plaktuvas

pjenjača

koštuvas

sito za kuhanje

sietas

sito

trintuvė

ribež

grūstuvė

mužar

kepsninė

roštilj

atvira liepsna

ognjište

pjaustymo lentelė

daska

kočėlas

oklagija

kamščiatraukis

vadičep

skardinė

konzerva

skardinių atidarytuvas

otvarač konzervi

puodkėlė

krpa za lonac

kriauklė

sudoper

šepetys

četka

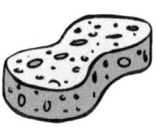

kempinė

spužva

trintuvas

mikser

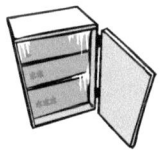

šaldiklis

zamrzivač

kūdikių buteliukas

bočica za bebe

čiaupas

slavina za vodu

vonios kambarys
kupaonica

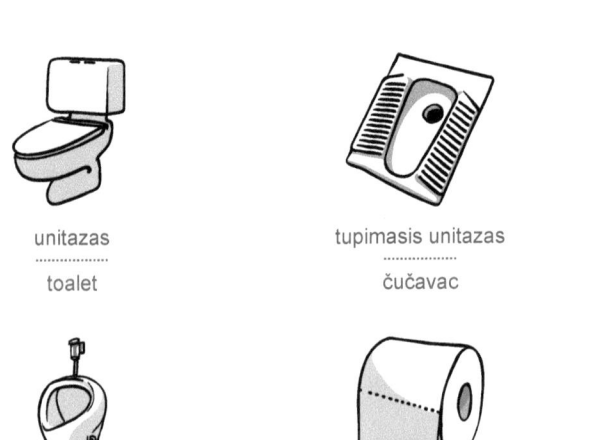

šildymas
grijanje
dušas
tuš
rankšluostis
ručnik
dušo užuolaidos
zavjesa za tuš
vonios putos
pjenušava kupka
vonia
kada
stiklinė
čaša
skalbimo mašina
perilica za rublje
čiaupas
slavina za vodu
plytelės
pločice
naktinis puodukas
dječja kahlica
kriauklė
sudoper

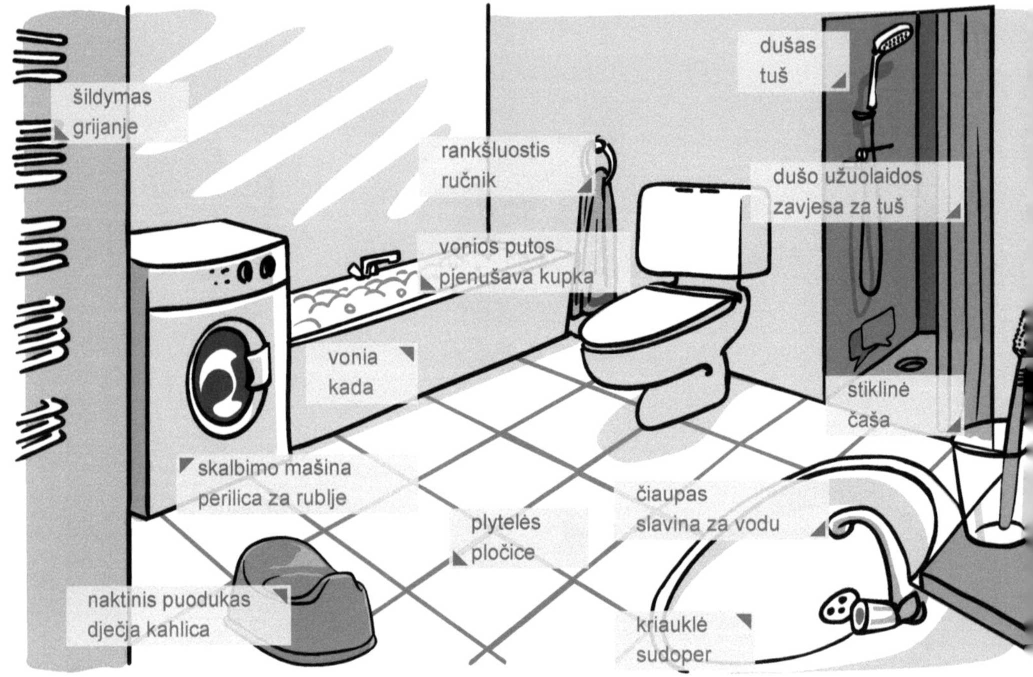

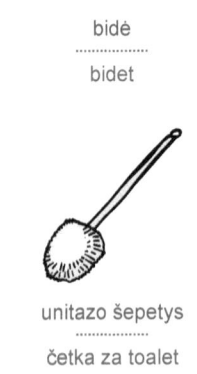

unitazas

toalet

tupimasis unitazas

čučavac

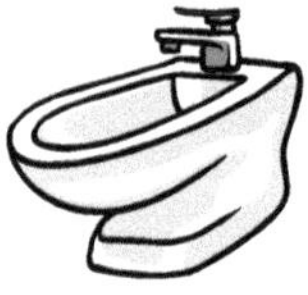

bidė

bidet

pisuaras

pisoar

tualetinis popierius

papir za toalet

unitazo šepetys

četka za toalet

dantų šepetėlis

četkica za zube

dantų pasta

pasta za zube

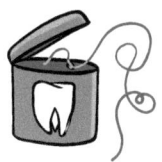

dantų siūlas

konac za zube

plauti

prati

dušo galvutė

tuš ručica

higieninis dušas

tuš za pranje intimnih dijelova

praustuvas

lavor

nugaros plaušinė

četka za pranje leđa

muilas

sapun

dušo želė

gel za tuširanje

šampūnas

šampon

plaušinė

krpa za pranje

kanalizacija

odvod

kremas

krema

dezodorantas

dezodorans

veidrodis

ogledalo

veidrodėlis

kozmetičko ogledalo

skustuvas

brijač

skutimosi putos

pjena za brijanje

losjonas po skutimosi

losion za poslije brijanja

šukos

češalj

šepetys

četka

plaukų džiovintuvas

sušilo za kosu

plaukų lakas

sprej za kosu

makiažas

makeup

lūpdažis

ruž za usne

nagų lakas

lak za nokte

vata

vata

žirklutės nagams

škare za nokte

kvepalai

parfem

maišelis skalbiniams
neseser

taburetė
stolica

svarstyklės
vaga

chalatas
ogrtač

guminės pirštinės
rukavice za čišćenje

tamponas
tampon

higieninis įklotas
uložak

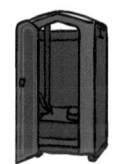

biotualetas
kemijski toalet

vaiko kambarys

dječija soba

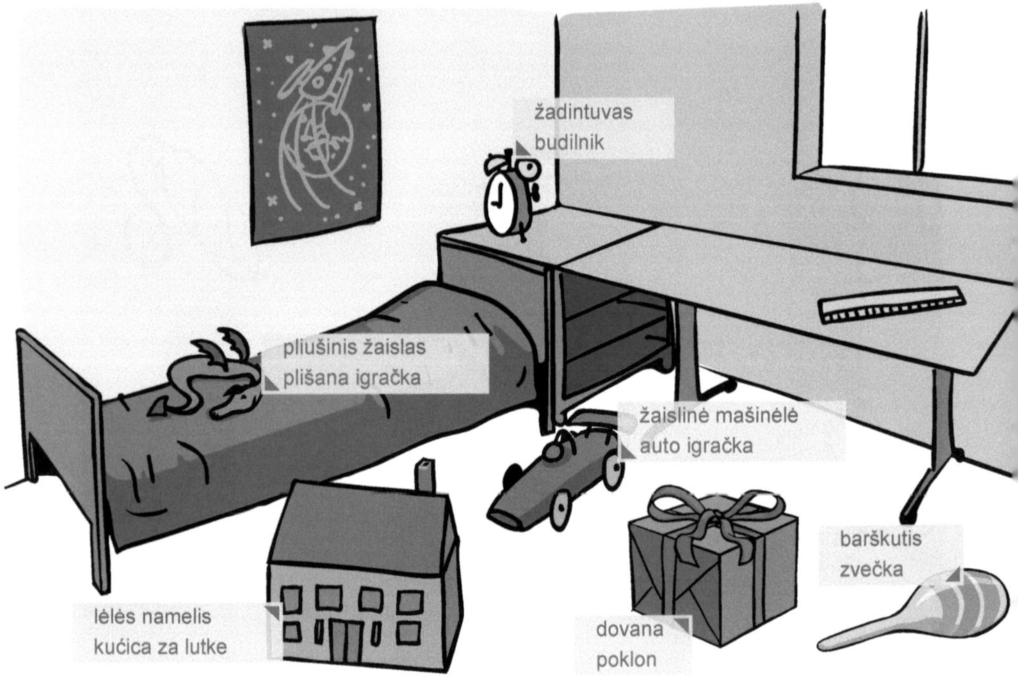
žadintuvas
budilnik
pliušinis žaislas
plišana igračka
žaislinė mašinėlė
auto igračka
barškutis
zvečka
lėlės namelis
kućica za lutke
dovana
poklon

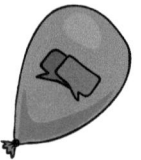

balionas

balon

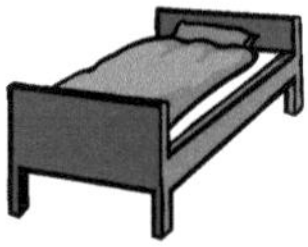

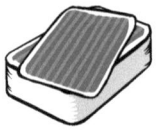

lova

krevet

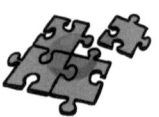

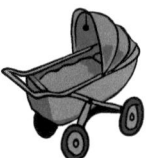

vaikiškas vežimėlis

dječija kolica

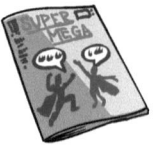

kortų malka

igra s kartama

delionė

slagalica

SUPER
MEGA

komiksai

strip

lego kaladėlės

lego kockice

žaislinės kaladėlės

kockice za slaganje

figūrėlė

akcioni junak

šliaužtinukai

kombinezon za bebe

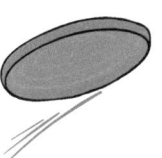

mėtymo lėkštė

frizbi

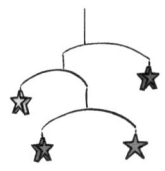

karuselė

viseće igračke

stalo žaidimas

društvene igre

kauliukai

kocka

žaislinis traukinys

minijaturna željeznica

žindukas

duda

vakarėlis

tulum

paveiksliukų knygelė

slikovnica

kamuolys

lopta

lėlė

lutka

žaisti

igrati

smėlio dėžė

pješčanik

sūpynės

ljuljačka

žaislai

igračka

žaidimų konsolė

konzola za igre

triratukas

tricikl

meškiukas

plišani medo

drabužių spinta

ormar

drabužis

odjeća

kojinės

kratke čarape

kojinės virš kelių

čarape

pėdkelnės

hulahopke

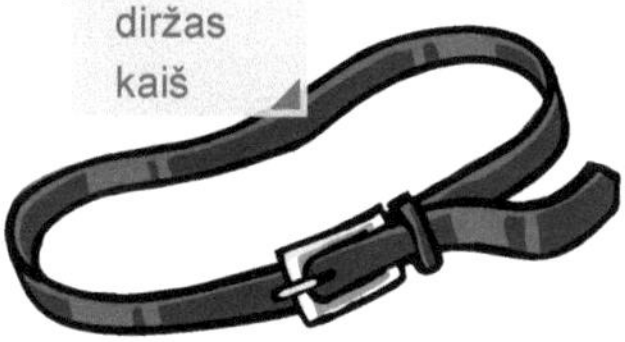

šalikas
šal

skėtis
kišobran

diržas
kaiš

marškinėliai
t-shirt

ilgaauliai batai
čizme

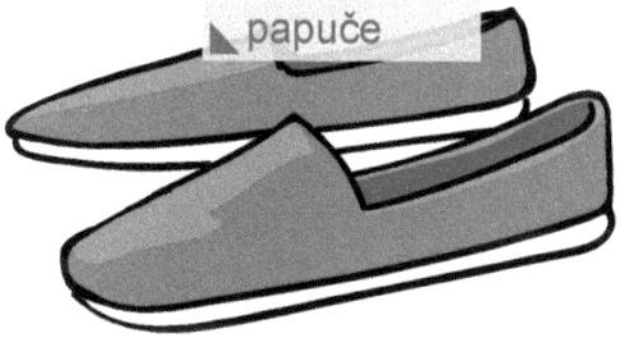

šlepetės
papuče

sportbačiai
patike

sandalai
....
sandale

batai
....
cipele

guminiai batai
....
gumene čizme

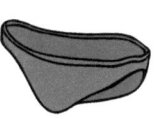

trumpikės
....
gaćice

liemenėlė
....
grudnjak

liemenė
....
potkošulja

drabužis - odjeća

45

glaustinukė
bodi

kelnės
hlače

džinsai
džins

sijonas
haljina

palaidinė
bluza

marškiniai
košulja

megztinis
džemper

megztinis su gobtuvu
pulover s kapuljačom

švarkelis
blejzer

švarkas
jakna

paltas
kaput

lietpaltis
kabanica

kostiumas
kostim

suknelė
haljina

vestuvinė suknelė
vjenčanica

kostiumas

odijelo

naktiniai marškiniai

spavaćica

pižama

pidžama

saris

sari

skarelė

rubac

tiurbanas

turban

burka

burka

kaftanas

kaftan

abaja

abaja

maudymosi kostiumėlis

kupaći kostim

glaudės

kupaće gaćice

šortai

kratke hlače

sportinis kostiumas

odjeća za trening

prijuostė

pregača

pirštinės

rukavice

saga
gumb

akiniai
naočale

apyrankė
narukvica

vėrinys
ogrlica

žiedas
prsten

auskaras
naušnica

kepurė
kapa

pakabas
vješalica

skrybėlė
šešir

kaklaraištis
kravata

užtrauktukas
patent zatvarač

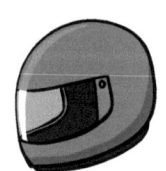

šalmas
kaciga

breketai
naramenice

mokyklinė uniforma
školska uniforma

uniforma
uniforma

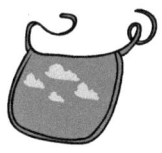

seilinukas

podbradak

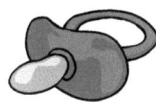

žindukas

duda

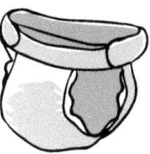

vystyklai

pelena

biuras

ured

serveris
server
dokumentų spinta
ormar za spise
spausdintuvas
pisač
popierius
papir
vaizduoklis
monitor
pelė
miš
rašomasis stalas
pisaći stol
aplankas
mapa
klaviatūra
tipkovnica
šiukšliadėžė
košara za papir
kompiuteris
računar
kėdė
stolica

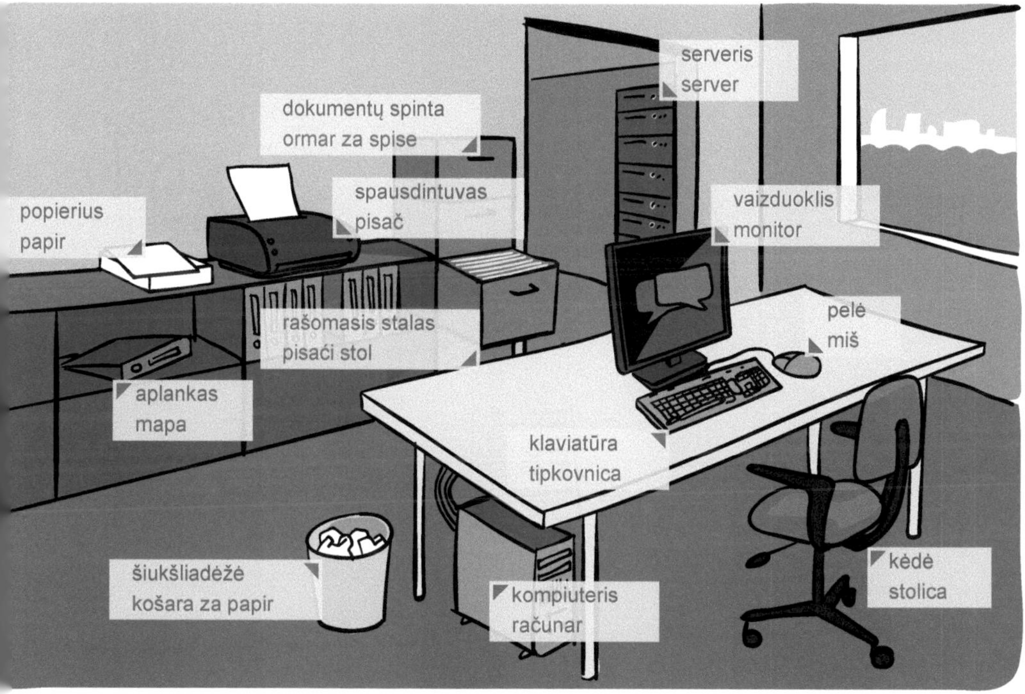

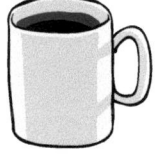

kavos puodelis

šalica za kavu

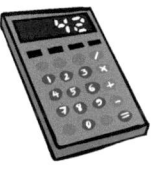

kalkuliatorius

kalkulator

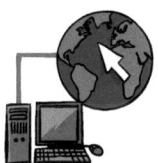

internetas

internet

nešiojamasis kompiuteris

laptop

laiškas

pismo

žinutė

poruka

mobilusis telefonas

mobilni telefon

tinklas

mreža

fotokopijavimo aparatas

uređaj za kopiranje

programinė įranga

softver

telefonas

telefon

kištukinis lizdas

utičnica

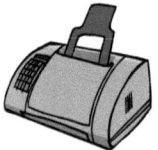

faksas

faks

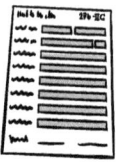

forma

obrazac

dokumentas

dokument

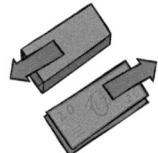

pirkti

kupovati

mokėti

platiti

prekiauti

trgovati

pinigai

novac

USD

doleris

dolar

EUR

euras

euro

JPY

jena

jen

RUB

rublis

rubalj

CHF

Šveicarijos frankas

švicarski franak

CNY

juanis

renmindbi yuan

INR

rupija

rupija

bankomatas

automat za novac

valiutos keitykla

mjenjačnica

auksas

zlato

sidabras

srebro

nafta

nafta

energija

energija

kaina

cijena

sutartis

ugovor

mokestis

porez

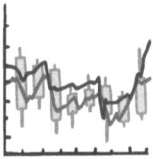

akcijos

dionica

dirbti

raditi

darbuotojas

službenik

darbdavys

poslodavac

gamykla

tvornica

parduotuvė

prodavaonica

ekonomika - gospodarstvo

policininkas
policajac

ugniagesys
vatrogasac

virėjas
kuhar

gydytojas
liječnik

lakūnas
pilot

sodininkas

vrtlar

stalius

stolar

siuvėja

krojačica

teisėjas

sudija

chemikas

kemičar

aktorius

glumac

autobuso vairuotojas

vozač autobusa

taksi vairuotojas

vozač taksija

žvejys

ribar

valytoja

čistačica

stogdengys

krovopokrivač

padavėjas

konobar

medžiotojas

lovac

dailininkas

slikar

kepėjas

pekar

elektrikas

električar

statybininkas

građevinski radnik

inžinierius

inženjer

mėsininkas

mesar

santechnikas

limar

paštininkas

poštar

kareivis
vojnik

architektas
arhitekta

kasininkas
blagajnik

gėlininkas
cvjećar

kirpėjas
frizer

konduktorius
kondukter

mechanikas
mehaničar

kapitonas
kapetan

odontologas
zubar

mokslininkas
znanstvenik

rabinas
rabi

imamas
imam

vienuolis
monah

kunigas
svećenik

įrankiai
alati

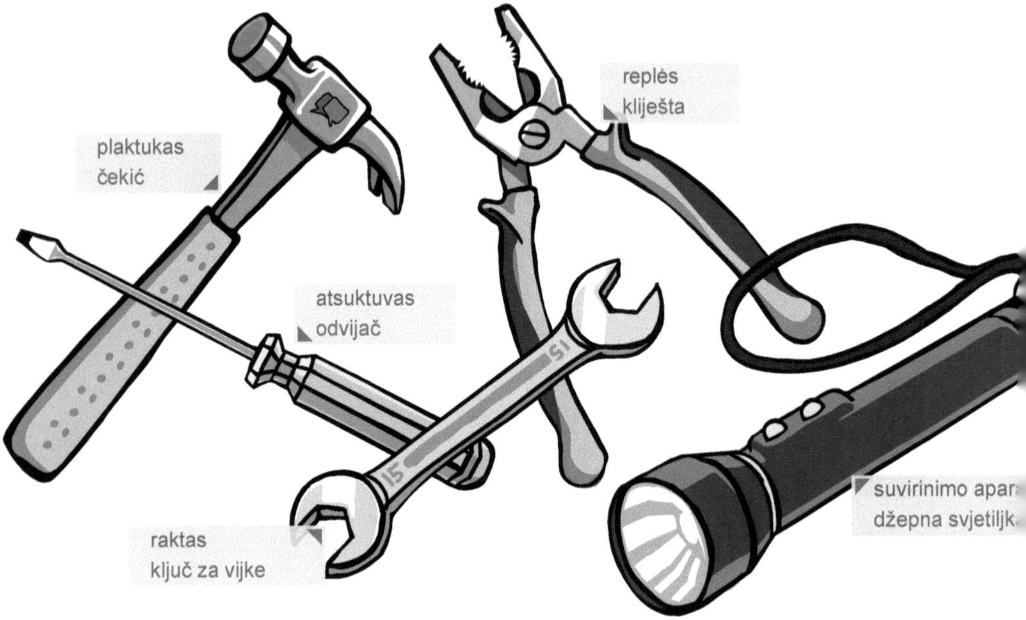
plaktukas
čekić
replės
kliješta
atsuktuvas
odvijač
suvirinimo apar
džepna svjetiljk
raktas
ključ za vijke

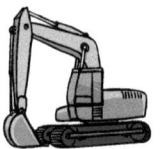

ekskavatorius

rovokopač

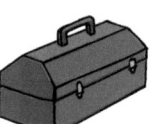

įrankių dėžė

kutija za alat

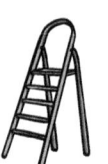

kopėčios

ljestve

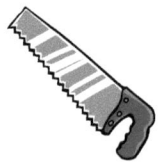

pjūklas

pila

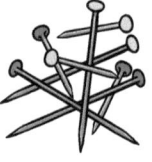

vinys

ekser

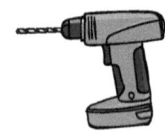

grąžtas

bušilica

taisyti	kastuvas	Velniava!
popraviti	lopata	Sranje!

semtuvėlis	dažų skardinė	varžtai
lopatica	lonac za boju	vijci

muzikos instrumentai
glazbeni instrument

būgnų rinkinys
bubnjevi

garsiakalbis
zvučnik

gitara
gitara

kontrabosas
kontrabas

trimitas
truba

pianinas

klavir

smuikas

violina

bosinė gitara

bas

timpanas

timpani

būgnai

udaraljke za bubnjeve

sintezatorius

keyboard

saksofonas

saksofon

fleita

flauta

mikrofonas

mikrofon

muzikos instrumentai - glazbeni instrument

zoologijos sodas
zoološki vrt

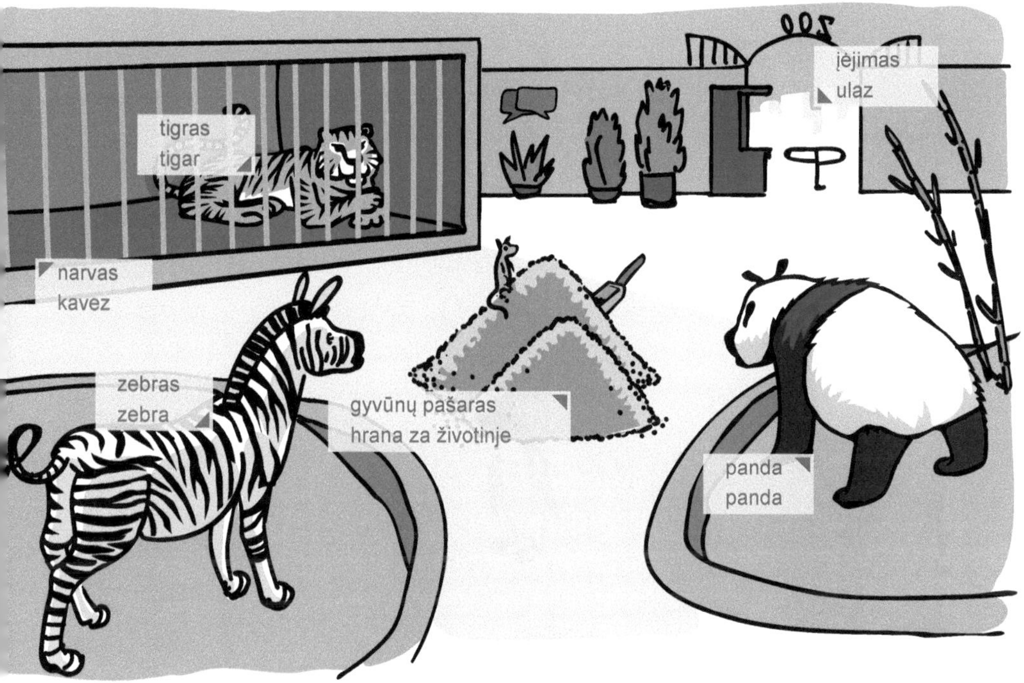

įėjimas
ulaz
tigras
tigar
narvas
kavez
zebras
zebra
gyvūnų pašaras
hrana za životinje
panda
panda

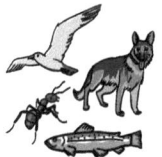

gyvūnai

životinje

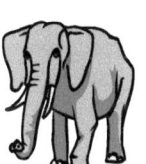

dramblys

slon

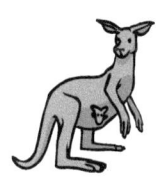

kengūra

kengur

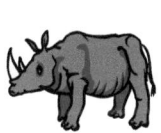

raganosis

nosorog

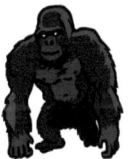

gorila

gorila

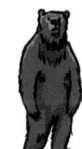

meška

medvjed

kupranugaris

kamila

strutis

noj

liūtas

lav

beždžionė

majmun

flamingas

flamingo

papūga

papagaj

baltoji meška

polarni medvjed

pingvinas

pingvin

ryklys

ajkula

povas

paun

gyvatė

zmija

krokodilas

krokodil

zoologijos sodo prižiūrėtojas

čuvar u zoološkom vrtu

ruonis

tuljan

jaguaras

jaguar

ponis
poni

leopardas
leopard

begemotas
nilski konj

žirafa
žirafa

erelis
orao

šernas
divlja svinja

žuvis
riba

vėžlys
kornjača

vėplys
morž

lapė
lisica

gazelė
gazela

amerikietiškas futbolas
američki nogomet

dviračių sportas
biciklizam

tenisas
tenis

krepšinis
košarka

plaukimas
plivanje

boksas
boks

ledo ritulys
hockey na ledu

futbolas

nogomet

badmintonas

badminton

atletika

atletika

rankinis

rukomet

slidinėjimas

skijanje

polas

polo

užsiėmimai
aktivnosti

juoktis
smijati se
šokinėti
skočiti
apkabinti
zagrliti
vaikščioti
ići
dainuoti
pjevati
svajoti
sanjati
melstis
moliti se
bučiuoti
poljubiti

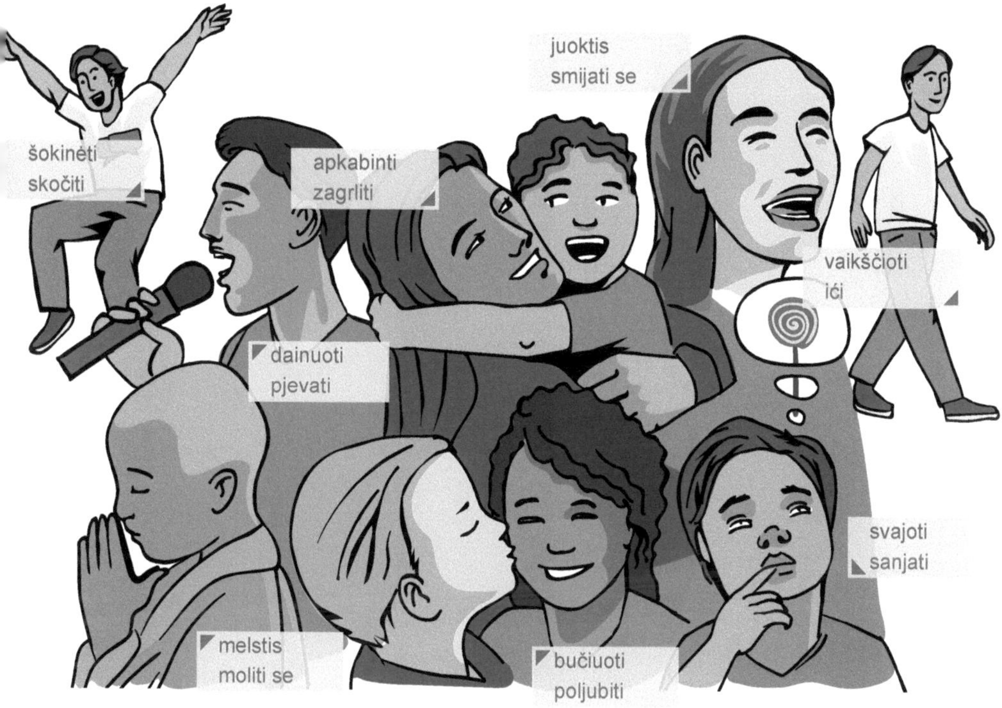

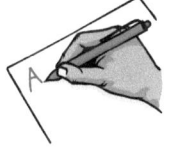

rašyti
pisati

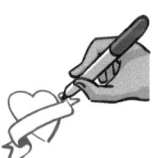

piešti
crtati

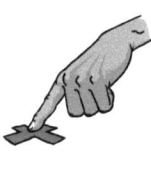

rodyti
pokazati

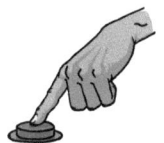

stumti
gurati

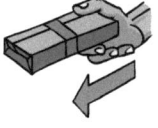

duoti
dati

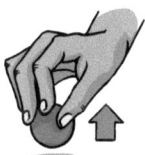

imti
uzeti

turėti
imati

daryti
činiti

būti
biti

stovėti
stojati

bėgti
trčati

traukti
povlačiti

mesti
baciti

kristi
padati

meluoti
ležati

laukti
čekati

nešti
nositi

sėdėti
sjediti

rengtis
oblačiti

miegoti
spavati

pabusti
probuditi se

žiūrėti

gledati

verkti

plakati

glostyti

milovati

šukuoti

češljati

kalbėti

govoriti

suprasti

razumjeti

paklausti

pitati

klausytis

slušati

gerti

piti

valgyti

jesti

tvarkytis

pospremiti

mylėti

voljeti

gaminti

kuhati

vairuoti

voziti

skristi

letjeti

buriuoti

ploviti

skaičiuoti

računati

skaityti

čitati

mokytis

učiti

dirbti

raditi

vesti

vjenčati se

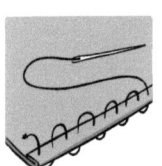

siūti

šiti

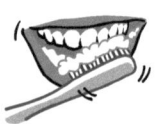

valytis dantis

prati zube

žudyti

ubiti

rūkyti

pušiti

siųsti

poslati

šeima
obitelj

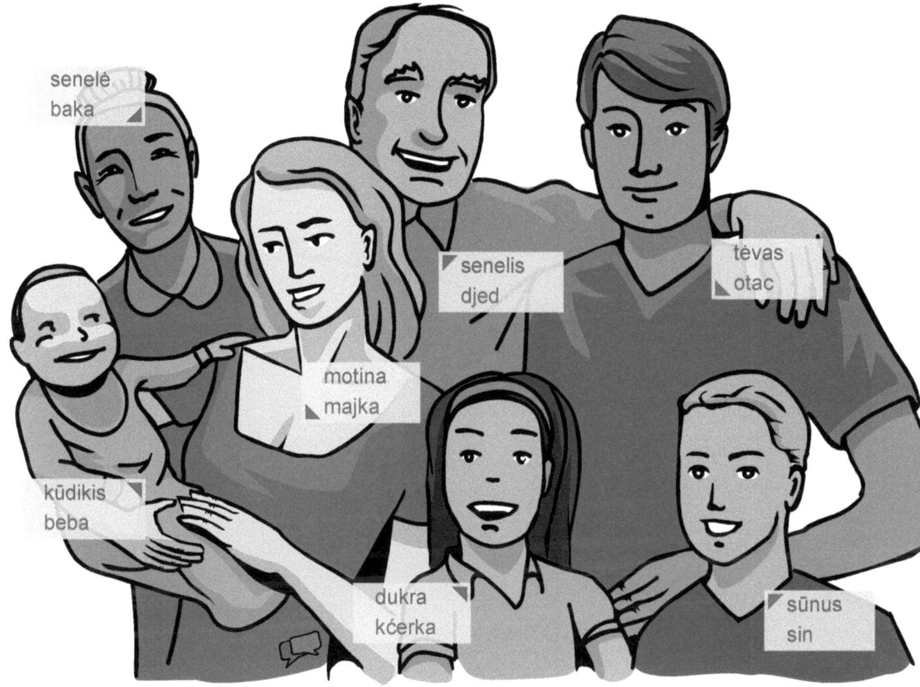
senelė
baka
senelis
djed
tėvas
otac
motina
majka
kūdikis
beba
dukra
kćerka
sūnus
sin

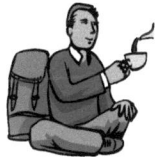

svečias

gost

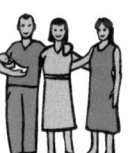

teta

tetka

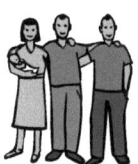

dėdė

ujak, stric

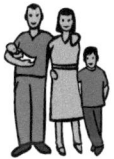

brolis

brat

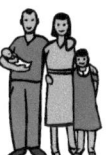

sesuo

sestra

kūnas
tijelo

kakta
čelo
akis
oko
petys
rame
pirštas
prst
veidas
lice
smakras
brada
plaštaka
ruka
koja
noga
krūtinė
grudi
ranka
ruka

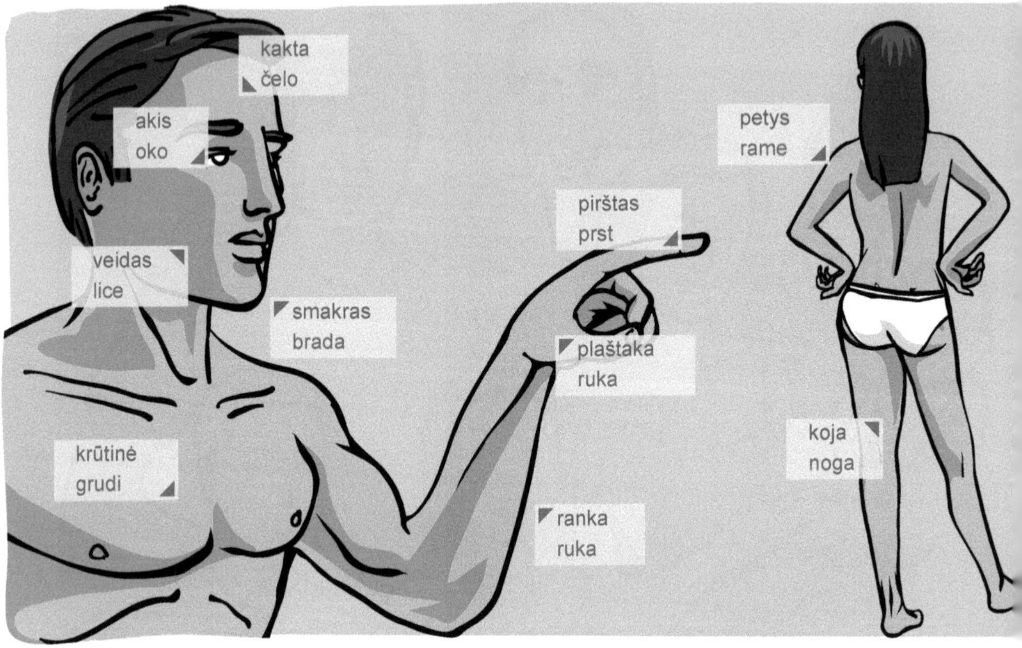

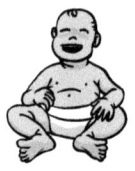

kūdikis
beba

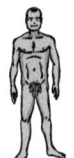

vyras
muškarac

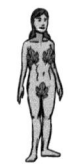

moteris
žena

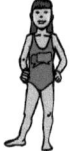

mergaitė
djevojčica

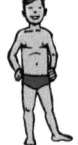

berniukas
dječak

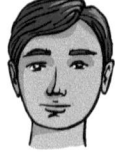

galva
glava

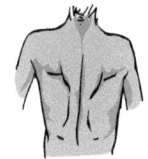

nugara

leđa

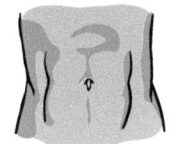

pilvas

trbuh

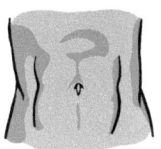

bamba

pupak

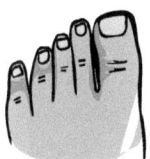

kojos pirštas

nožni prst

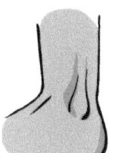

kulnas

peta

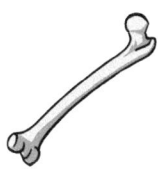

kaulas

kost

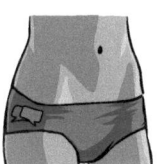

klubas

kuk

kelis

koljeno

alkūnė

lakat

nosis

nos

sėdmenys

stražnjica

oda

koža

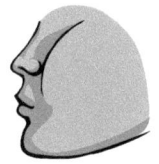

skruostas

obraz

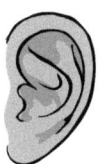

ausis

uho

lūpa

usna

burna

usta

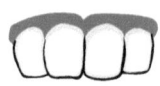

dantis

zub

liežuvis

jezik

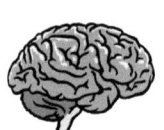

smegenys

mozak

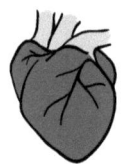

širdis

srce

raumuo

mišić

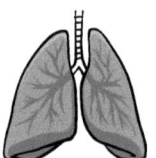

plaučiai

pluća

kepenys

jetra

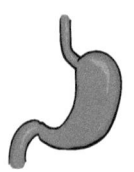

skrandis

želudac

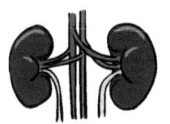

inkstai

bubrezi

seksas

snošaj

prezervatyvas

kondom

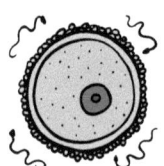

kiaušialąstė

jajna stanica

sperma

sperma

nėštumas

trudnoća

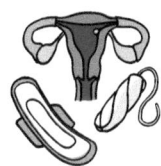

menstruacijos
....
menstruacija

makštis
....
vagina

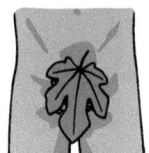

varpa
....
penis

antakis
....
obrva

plaukai
....
kosa

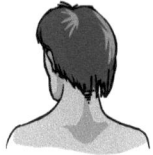

kaklas
....
vrat

ligoninė
bolnica

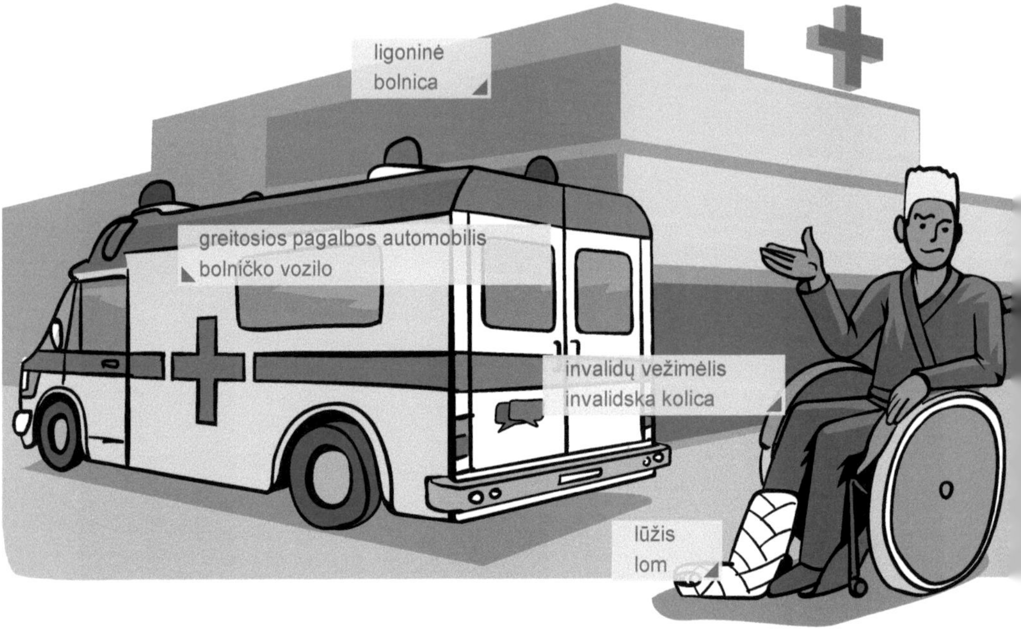

ligoninė
bolnica
greitosios pagalbos automobilis
bolničko vozilo
invalidų vežimėlis
invalidska kolica
lūžis
lom

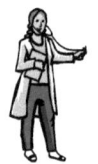

gydytojas

liječnik

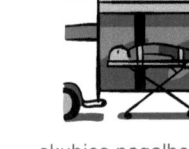

skubios pagalbos skyrius

hitna medicinska služba

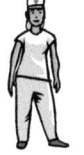

slaugytoja

medicinska sestra

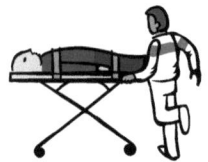

nelaimingas atsitikimas

hitni slučaj

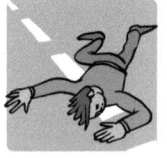

be sąmonės

nesvijest

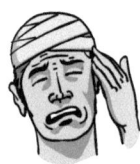

skausmas

bol

sužalojimas

ozljeda

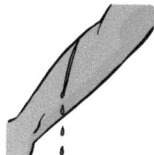

kraujavimas

krvarenje

širdies smūgis

srćani infarkt

insultas

moždani udar

alergija

alergija

kosulys

kašalj

karščiavimas

groznica

gripas

gripa

viduriavimas

proljev

galvos skausmas

glavobolja

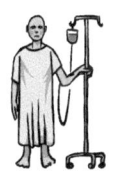

vėžys

rak

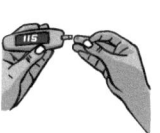

diabetas

dijabetes

chirurgas

kirurg

skalpelis

skalpel

operacija

operacija

KT
ct

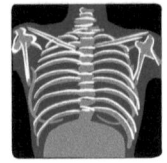

rentgenas
rentgen

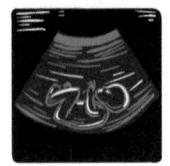

ultragarsas
ultrazvuk

veido kaukė
maska

liga
bolest

laukiamasis
čekaonica

ramentas
štaka

gipsas
flaster

tvarstis
zavoj

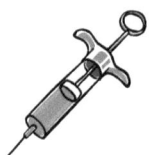

injekcija
injekcija

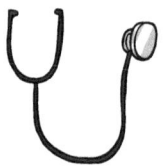

stetoskopas
stetoskop

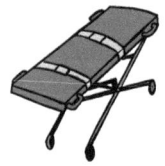

neštuvai
nosilo

termometras
termometar

gimimas
rođenje

antsvoris
prekomjerna težina

klausos aparatas

slušni aparat

dezinfekavimo priemonė

sredstvo za dezinfekciju

infekcija

infekcija

virusas

virus

ŽIV / AIDS

hiv / sida

vaistas

medicina

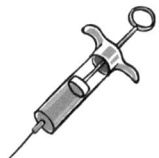

skiepijimas

vakcinacija

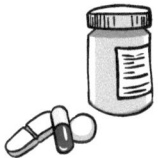

tabletės

tablete

piliulė

pilula

skubios pagalbos numeris

poziv u pomoć

kraujospūdžio matuoklis

uređaj za mjerenje tlaka

ligotas / sveikas

bolesno / zdravo

Padėkite!

pomoć!

pavojaus signalas

alarm

užpuolimas

nasrtaj

ataka

napad

pavojus

opasnost

avarinis išėjimas

izlaz za nuždu

Gaisras!

požar!

gesintuvas

vatrogasni aparat

nelaimingas atsitikimas

nezgoda

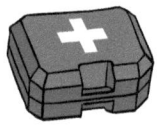

pirmosios pagalbos rinkinys

kofer prve pomoći

SOS

sos

policija

policija

Europa

Europa

Šiaurės Amerika

sjeverna amerika

Pietų Amerika

južna amerika

Afrika

Afrika

Azija

Azija

Australija

Australija

Atlanto vandenynas

Atlantik

Ramusis vandenynas

Pacifik

Indijos vandenynas

ocean

Pietų vandenynas

antarktički ocean

Arkties vandenynas

arktički ocean

Šiaurės ašigalis

sjeverni pol

Pietų ašigalis

južni pol

Antarktida

Antarktik

Žemė

zemlja

sausuma

zemlja

jūra

more

sala

otok

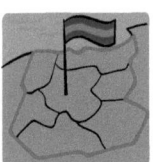

tauta

nacija

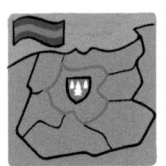

valstybė

država

Žemė - zemlja

ciferblatas

brojčanik sata

valandinė rodyklė

satna kazaljka

minutinė rodyklė

minutna kazaljka

sekundinė rodyklė

sekundna kazaljka

Kiek valandų?

Koliko je sati?

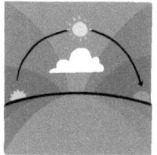

diena

dan

laikas

vrijeme

dabar

sada

skaitmeninis laikrodis

digitalni sat

minutė

minuta

valanda

sat

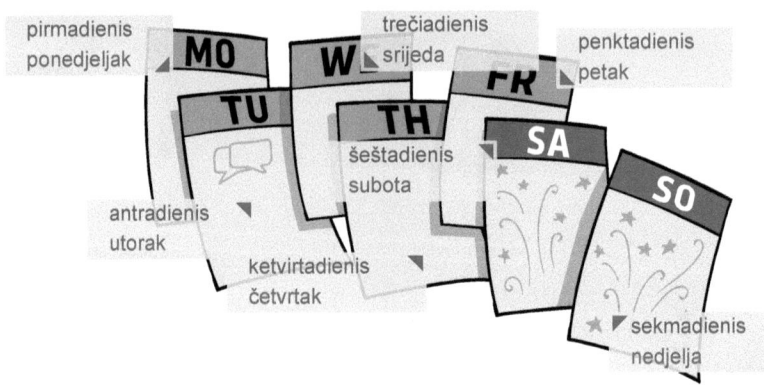

pirmadienis
ponedjeljak

MO

W srijeda
trečiadienis

penktadienis
petak

TU

TH

SA

šeštadienis
subota

SO

antradienis
utorak

ketvirtadienis
četvrtak

sekmadienis
nedjelja

vakar
....
jučer

šiandien
....
danas

rytoj
....
sutra

rytas
....
jutro

vidurdienis
....
podne

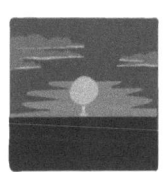

vakaras
....
večer

darbo dienos
....
radni dani

savaitgalis
....
vikend

metai
godina

lietus
kiša
vaivorykštė
duga
sniegas
snijeg
vėjas
vjetar
pavasaris
proljeće
ruduo
jesen
vasara
ljeto
žiema
zima

4.APRIL 11°
5.APRIL 4°
6.APRIL 13°
7.APRIL 8°
8.APRIL 10°

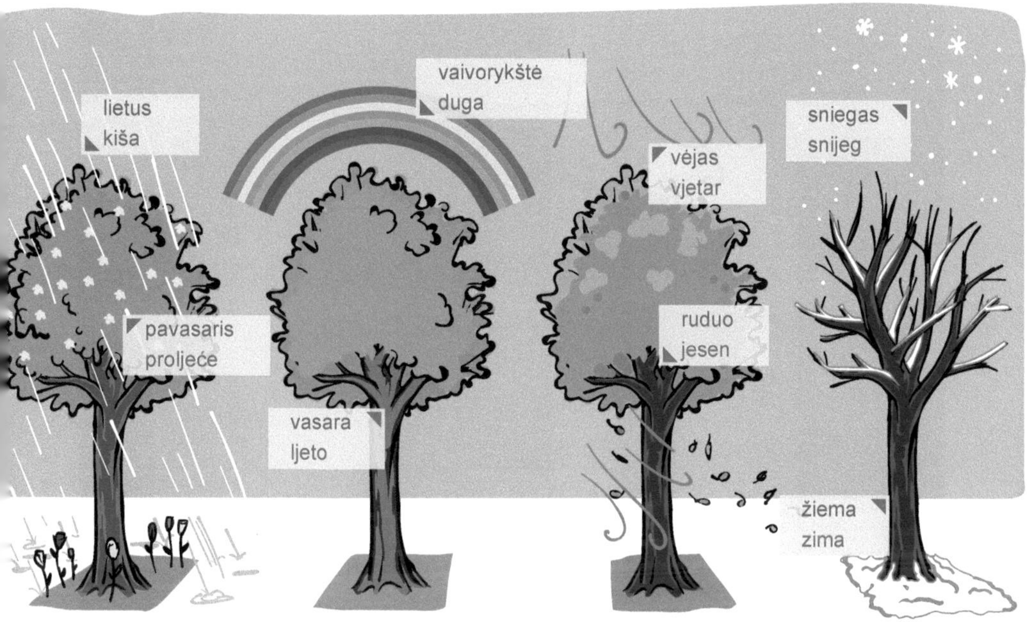

orų prognozė

meteorološka prognoza

F
C
120
90
60
30
0
-30
40
30
20
10
0
-10
-20

lauko termometras

termometar

saulės šviesa

sunčana svjetlost

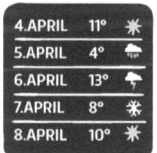

debesis

oblak

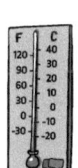

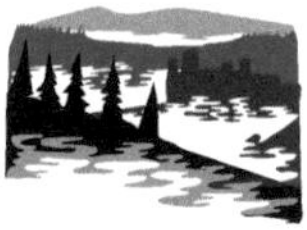

rūkas

magla

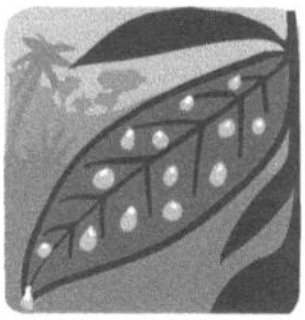

drėgmė

vlažnost zraka

žaibas

munja

griaustinis

grmljavina

audra

oluja

kruša

tuča

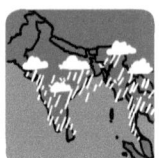

musonas

monsun

potvynis

poplava

ledas

led

sausis

siječanj

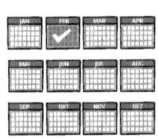

vasaris

veljača

kovas

ožujak

balandis

travanj

gegužė

svibanj

birželis

lipanj

liepa

srpanj

rugpjūtis

kolovoz

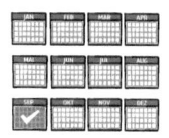

rugsėjis
....
rujan

spalis
....
listopad

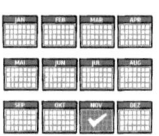

lapkritis
....
studeni

gruodis
....
prosinac

apskritimas
....
krug

kvadratas
....
kvadrat

stačiakampis
....
pravokutnik

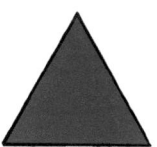

trikampis
....
trokut

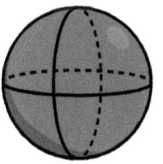

sfera
....
kugla

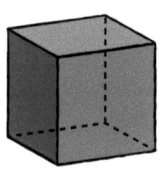

kubas
....
kocka

balta

bijela

geltona

žuta

oranžinė

narančasta

rožinė

ružičasta

raudona

crvena

violetinė

ljubičasta

mėlyna

plava

žalia

zelena

ruda

smeđa

pilka

siva

juoda

crna

daug / mažai

mnogo / malo

piktas / ramus

ljutito / mirno

gražus / bjaurus

lijepo / ružno

pradžia / pabaiga

početak / kraj

didelis / mažas

veliko / maleno

šviesus / tamsus

svijetlo / tamno

brolis / sesuo

brat / sestra

švarus / purvinas

čisto / prljavo

užbaigtas / neužbaigtas

potpuno / nepotpuno

diena / naktis

dan / noć

miręs / gyvas

mrtvo / živo

platus / siauras

široko / usko

valgomas / nevalgomas

jestivo / nejestivo

piktas / malonus

zlo / dobro

linksmas / nuobodus

uzbuđeno / dosadno

storas / plonas

debelo / mršavo

pirmiausia / paskiausia

na početku / na kraju

draugas / priešas

prijatelj / neprijatelj

pilnas / tuščias

puno / prazno

kietas / minkštas

tvrdo / mekano

sunkus / lengvas

teško / lagano

alkis / troškulys

glad / žeđ

ligotas / sveikas

bolesno / zdravo

nelegalus / legalus

ilegalno / legalno

protingas / kvailas

pametno / glupo

kairė / dešinė

lijevo / desno

arti / toli

blizu / daleko

naujas / naudotas

novo / rabljeno

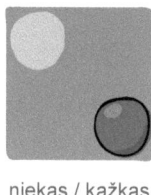

niekas / kažkas

ništa / nešto

senas / jaunas

staro / mlado

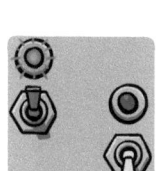

įjungta / išjungta

uključeno / isključeno

atidaryta / uždaryta

otvoreno / zatvoreno

tylus / garsus

tiho / glasno

turtingas / vargšas

bogato / siromašno

teisus / neteisus

točno / pogrešno

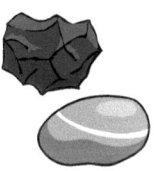

šiurkštus / švelnus

hrapavo / glatko

liūdnas / laimingas

tužno / sretno

trumpas / ilgas

kratko / dugo

lėtas / greitas

polako / brzo

drėgnas / sausas

mokro / suho

šiltas / šaltas

toplo / hladno

karas / taika

rat / mir

priešingos reikšmės žodžiai - suprotnosti

0	**1**	**2**
nulis	vienas	du
nula	jedan	dva

3	**4**	**5**
trys	keturi	penki
tri	četiri	pet

6	**7**	**8**
šeši	septyni	aštuoni
šest	sedam	osam

9	**10**	**11**
devyni	dešimt	vienuolika
devet	deset	jedanaest

12

dvylika

dvanaest

13

trylika

trinaest

14

keturiolika

četrnaest

15

penkiolika

petnaest

16

šešiolika

šestnaest

17

septyniolika

sedamnaest

18

aštuoniolika

osamnaest

19

devyniolika

devetnaest

20

dvidešimt

dvadeset

100

šimtas

stotinu

1.000

tūkstantis

tisuću

1.000.000

milijonas

milijun

anglų
engleski

amerikiečių anglų
američko engleski

kinų (mandarinų)
kinesko mandarinski

hindi
hindi

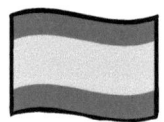

ispanų
španjolski

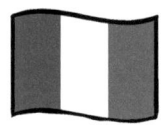

prancūzų
francuski

arabų
arapski

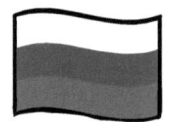

rusų
ruski

portugalų
portugalski

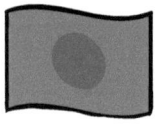

bengalų
bengalski

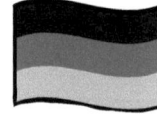

vokiečių
njemački

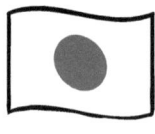

japonų
japanski

aš

ja

tu

ti

jis / ji

on / ona / ono

mes

mi

jūs

vi

jie

oni

kas?

tko?

ką?

što?

kaip?

kako?

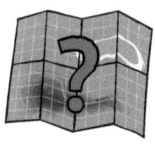

kur?

gdje?

kada?

kada?

vardas

ime

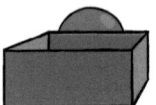

už
....
iza

kur (vieta)
....
u

priešais
....
ispred

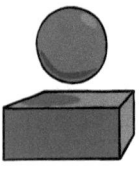

virš
....
preko

ant
....
na

po
....
ispod

prie
....
pored

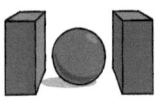

tarp
....
između

vieta
....
mjesto